# Humor Station

Urdu Jokes with English Translation

## Jamal Siddiqui

INDIA • SINGAPORE • MALAYSIA

ISBN  979-8-89026-798-6

This book has been published with all efforts taken to make the material error-free after the consent of the author. However, the author and the publisher do not assume and hereby disclaim any liability to any party for any loss, damage, or disruption caused by errors or omissions, whether such errors or omissions result from negligence, accident, or any other cause.

While every effort has been made to avoid any mistake or omission, this publication is being sold on the condition and understanding that neither the author nor the publishers or printers would be liable in any manner to any person by reason of any mistake or omission in this publication or for any action taken or omitted to be taken or advice rendered or accepted on the basis of this work. For any defect in printing or binding the publishers will be liable only to replace the defective copy by another copy of this work then available.

# About the Author

Mr. Jamal Mohammed Siddiqui was born in Nirmal and raised, and educated in Hyderabad City, India. Mr. Siddiqui has traveled extensively abroad for over 25 years, but the United Kingdom and the Middle East remain his two favorite regions. He has cherished memories of India and considers Canada a delightful second home. He worked for multinational corporations. Mr. Jamal has a Bachelor of Arts (BA) from Nizam College–Osmania University in Hyderabad., and an (OM-MBA) from, USA. and a Bachelor of Laws (LLB) from the University of London, England. He is an Author & Poet. Mr. Siddiqui is the author of the books "Thoughts of Aesthetics" "Laughing Lawyer: Clean Jokes & Humorous Answers to Law Interview Questions" and Mr. Siddiqui's poems were included in many anthologies which were published in the US.

# Preface

One of the best sayings of Robert Frost I have come across so far is, "If we couldn't laugh, we would all go insane." This saying provides an exemplary amazing touch and foundation of humor to this book.

The idea of writing this book popped up in my mind when I was working in the Law industry in India and later in Canada. Very soon I adopted a positive attitude towards humor and started putting jokes together based on the matters of daily life. In this way, I succeeded in composing this book.

This is an unusual combination of the talents that is the gift of God. Poetry and Law are totally different fields. Where poetry needs wisdom and demands thought and creativity, the law is completely based on the truth. I feel blessed to be bestowed with expertise in both the niches, as a poet. My Book "Thoughts of Aesthetics' ' defines deep poetry and my other Book "Laughing Lawyer" which spreads humorous events based on the day to day life experiences of the legal industry. Both these books are available on Amazon all around the world.

I understand that no one can completely eliminate sorrow and sadness from his life, yet this book would help people to enjoy a few moments of heartfelt laughter.

After reading this book, the readers would surely be able to, somehow, release the burden of sadness. I hope life would warmly welcome their lively natures and they would synchronize with that of others, and ultimately propagate the liveliness.

# دیباچہ

رابرٹ فراسٹ کا سب سے زیادہ کھرا اور ابھی تک کا سب سے زیادہ حوصلہ افزا یہ ہے کہ "اگر ہم ہنس نہیں سکتے تو ہم پاگل ہو جائینگے۔" یہ حوالہ اس کتاب کو ایک مثالی تحریر فراہم کرتا ہے اور اس کے ساتھ ساتھ اس میں مضحکہ خیز مزاح کی بنیاد بھی ڈالتا ہے۔ اس کتاب کا خیال میرے ذہن میں اس وقت آیا جب میں بھارت اور پھر کینیڈا کہ ایک قانونی ادارے میں کام کر رہا تھا۔ کتاب تحریر کرنے کے عمل نے مجھے مزاح کو لکھنا سکھایا۔ اسکے علاوہ میری کتاب 'ہنسنے والا وکیل' میں متاثر کن پہلو یہ ہے کہ اُس میں ایسے بے شمار گزرے ہوئے لمحات ہیں۔ جو میں نے اپنے ایک وکیل دوست کے ساتھ گزارے ہیں۔ جو میری نظر میں انتہائ مضحکہ خیز ثابت ہوئے ہیں۔ وہ ہمیشہ مجھے کہتے تھے کہ میں بہت ہنساتا ہوں اور یہ کہ میری فن حس بہت اچھی ہے۔ میں نے جلد ہی مزاح کی طرف ایک مثبت پہلو اختیار کیا۔ اور اپنی روز مرہ کی زندگی پر مبنی لطیفے بنائے۔ اور اس طرح میں یہ کتاب لکھ چکا ہوں

میری اور ایک کتاب جسکا نام لافینگ لائیر ہے۔ جس میں وکیلوں پر جوکس لکھے گئے ہیں اور جو انگریزی پر ساری دنیا میں دستیاب ہیں. میرے سینئر مجھ سے یہ کہتے ہیں میرے مضحکہ Amazon زبان میں خیز کردار کی روح میں قانون اور شاعری دونوں کا امتزاج شامل ہے۔ جیسے کہ پہلی کتاب افکارِ جمالیات پر دستیاب ہے۔ یہ مہارتوں کا ایک غیر معمولی مجموعہ ہے Amazon میں نے شائع کی جو دنیا بھر میں جو میرے خدا کی دین ہے۔ یہ دونوں شعبے بالکل مختلف ہیں۔ اگرچہ شاعری کا لازمی جُزو تخیل اور تخلیقیت ہے۔ قانون صرف حقیقت پر مبنی ہے۔ تاہم مجھے خوشی ہے کہ خدا نے مجھے دونوں میں مہارت بخشی ہے۔ یہ کتاب پڑھنے کے بعد قارئین مزاح کے ذریعے زندگی کی پریشانیوں میں کچھ کی لا سکیں گے۔ امید ہے کہ زندگی میں اُن کے خوش مزاح اور رجاعیت پسندانہ نقطۂ نظر کا دوسروں سے اشتراک ہو گا۔ اور آگے پھیلایا جائے گا

# Jokes

لطیفے

# (1)

Two friends were talking and falsely exaggerating and praising their grandfathers.

One said, "Whenever my grandfather used to stand under the mango tree with an intent to eat mangoes, the mangoes would fall in front of him deliberately."

The other replied, "Once my grandfather was standing under a mango tree and a mango fell in front of him. My grandfather looked at it and said, "How dare you fall without my consent?" Upon saying that the mango went back to the tree immediately.

# (1)

دو دوست آپس میں اپنے دادا جی کی خوبیوں کو بیان کر رہے تھے۔ پہلا دوست کہتا ہے، "میرے دادا جی آم کھانے کی نیت سے باغ میں جاتے تھے۔ اور جب وہ آم کے درخت کے نیچے ٹھہر کر دیکھتے تھے تو آم خود بخود اُن کے سامنے گر پڑتا تھا۔"

دوسرا دوست جواب میں کہتا ہے، "میرے دادا کی خوبی یہ تھی کہ ایک مرتبہ وہ آم کے درخت کے نیچے کھڑے تھے کہ اچانک اُنکے سامنے آم گر پڑا۔ میرے دادا جی آم کو دیکھتے ہیں اور کہتے ہیں کہ بغیر میری اجازت کہ تم کیسے گر پڑے۔ جیسے ہی اُنکے منہ سے یہ بات نکلتی ہے آم واپس درخت پر چلا جاتا ہے۔"

# (2)

A wife was telling her husband that her father is getting continuous pain In his legs

The husband replies, Which legs, front or back?

# (2)

ایک بیوی اپنے شوہر کو بتا رہی تھی کہ اس کے والد کی ٹانگوں میں مسلسل درد ہو رہا ہے۔

شوہر جواب دیتا ہے، کون سی ٹانگیں، آگے یا پیچھے؟

# (3)

Once a tea seller was doing the marketing of his product. He offered many customers samples of tea. A lady liked his tea, purchased it, and brought it home. When she made it, the tea tasted so bad, unlike the way it tasted in the sample.

She approached the seller and complained that the tea didn't taste as the sample did. The seller took the packet, made the tea and it tasted as good as the sample did.

The lady asked astonishingly, "What is the reason for the change in the taste?"

The tea seller replied, "You must check your teacups."

The lady asked, "What do you mean?"

The seller answered, "Maybe your cups are made in China that is why the taste if different."

# (3)

ایک چائے بیچنے والا اپنی چائے کی مارکیٹنگ کرتا ہے۔اور کچھ لوگوں کو چائے کے ذائقے مفت میں پیش کش کرتا ہے۔ بہترین ذائقے کی وجہ سے ایک خاتون چائے کا ڈبہ گھر لے آتی ہیں۔اور چائے بناتی ہیں۔ لیکن جب چائے بنتی ہے۔تب بالکل مزہ الگ ہوتا ہے۔ وہ فوراً چائے بیچنے والے کے پاس واپس آتی ہیں۔اور کہتی ہیں اس میں وہ مزہ نہیں ہے جو تم نے نمونہ کے طور پر پلائی تھی۔

یہ سنتے ہی چائے بیچنے والا اُس خاتون کے ہاتھ سے چائے کا ڈبہ لیتا ہے۔اور فوراً چائے بناتا ہے۔اور خاتون جب وہ چائے پیتی ہیں تو وہی ذائقہ ہوتا ہے۔ خاتون حیرت میں پڑ جاتی ہیں۔اور پوچھتی ہیں کیا وجہ ہے مزہ بدلنے کی۔

جواب میں چائے بیچنے والا کہتا ہے کہ آپ اپنے چائے کے کپ چیک کیجئے۔

خاتون حیرت سے پوچھتی ہیں کیا مطلب؟

جواب میں چائے بیچنے والا کہتا ہے کہ تمھاری چین میں بنا کپ ہیں۔ قصور چائے کا نہیں۔

# (4)

A wife asked her husband, "How does the poison taste?" The issue was raised so much that they went to the police station.

The Inspector asked the husband the reason behind the fight. The husband replied, "My wife asks me daily how poison tastes?"

Inspector turned towards the wife and said, "Do you want to give poison to your husband? If so, why don't you say it clearly? Your husband can even take poison for the sake of your happiness."

The wife replied, "I thought my husband is an intelligent man and understands my signs and signals."

# (4)

ایک بیوی نے شوہر سے پوچھا زہر کا مزہ کیسا ہو گا؟

بات اتنی بڑھ گئی کہ پولیس اسٹیشن جا پہنچی۔

انسپکٹر نے شوہر سے جھگڑے کی وجہ معلوم کی۔

شوہر جواب میں: "میری بیوی ہر روز مجھ سے پوچھتی ہے کہ زہر کا مزہ کیسا ہو گا۔"

انسپکٹر خاتون سے پوچھتا ہے کیا آپ اپنے شوہر کو زہر دینا چاہتی ہیں؟ اگر یہ بات ہے تو صاف کیوں نہیں کہتیں؟ آپ کے شوہر آپ کے لیے زہر بھی کھا جائیں گے۔

خاتون جواب میں کہتی ہیں، "میں سمجھتی تھی کہ میرے شوہر ایک ذہین انسان ہیں۔ اور وہ میرے اشارے سمجھ جائیں گے۔"

# (5)

A wife said to her husband, "We should laugh more because God has bestowed us with a unique ability. We, humans, can laugh while animals can't."

The husband replied, "Animals laugh too."

Wife says, "Which animal?"

Husband replies, "I have seen your father laughing."

# (5)

بیوی شوہر سے کہتی ہے کہ ہمیں ہنسنا چاہیے کیوں کہ خدا نے ہمیں ایک نایاب اور خاص خوبی سے نوازا ہے کہ ہم انسان ہنس سکتے ہیں اور جانور نہیں ہنس سکتے۔

شوہر جواب میں بیوی سے کہتا ہے کہ جانور بھی ہنستے ہیں۔

بیوی: "وہ کونسا جانور ہے جو ہنس سکتا ہے؟"

شوہر جواب میں کہتا ہے، "میں نے آپ کے والد کو ہنستے ہوئے دیکھا ہے۔"

# (6)

Once upon a time a patient went to a doctor and complained that he was suffering from severe memory loss.

The doctor said, "Alright! Show me your eyes."

During the examination, the doctor was looking deep into the eyes of the patient and suddenly the patient slapped the doctor.

The doctor asked in anger, "Why did you slap me?"

Patient: "I don't remember anything."

# (6)

ایک مرتبہ ایک مریض یادداشت کھو نا کے سلسلے میں ڈاکٹر سے ملنے گیا۔

اور کہا کہ مجھے تھوڑی دیر پہلے کی باتیں یاد نہیں رہتیں۔

ڈاکٹر نے کہا کہ ٹھیک ہے۔ مجھے تمھاری آنکھیں دیکھنی ہیں۔

دورانِ تحقیق جب ڈاکٹر نے مریض کی آنکھوں کو غور سے دیکھا۔ تبھی مریض نے ڈاکٹر صاحب کو زور دار طمانچہ لگا دیا۔

ڈاکٹر غصے سے بولا، "مجھے تھپڑ کیوں مارتے ہو؟"

مریض: "مجھے کچھ یاد نہیں"۔

# (7)

A person said to his friend, "I don't feel like going outside and seeing the world."

The friend replied, "Go to jail for a few days, you will start loving the world outside."

# (7)

ایک شخص نے دوسرے شخص سے کہا، "اب میرا دل باہر جانے میں نہیں لگتا۔"

دوسرے شخص نے جواب دیا، "آپ چند دن جیل چلے جائیں۔ باہر کے مناظر اچھے لگنے لگیں گے۔"

# (8)

A teacher said to his student that humans work under the influence of his nature and habits. For example, if a sensitive person becomes a thief, do you know what his sensitive nature will force him to do?

The student replied immediately, "He would only steal flowers and bouquets."

# (8)

ایک استاد نے شاگرد سے کہا کہ انسان فطرت اور عادات کے دباؤ میں کام کرتا ہے۔

مثال کے طور پر اگر ایک نازک مزاج شخص ڈاکو بن جائے تو اسکی نزاکت اِس کو کس طرح کے کام کرنے پر مجبور کرتی ہے؟

شاگرد: "وہ شخص پھولوں کی دکان پر ہی ڈاکے ڈالے گا۔ اور پھول اور گلدستے ہی لوٹے گا۔

# (9)

Once a mother said to her children, "Massage my head and feet."

The children replied innocently, "Will daddy not do these things today?"

# (9)

ماں اپنے بچوں سے کہتی ہے، "میرے پیر اور سر دباؤ.

بچے ماں سے کہتے ہیں کیا آج یہ کام ابو جان نہیں کریں گے؟

# (10)

A son asked his father, "You are an archeologist, what is your favorite animal?"

The father replied, "Rattus."

Son, "Why?"

Father: "Because it does exactly what I do."

# (10)

بیٹا باپ سے کہتا ہے "آپ ایک ماہر آثار قدیمہ ہیں۔ آپ کا پسندیدہ جانور کونسا ہے؟"

باپ: گھونس

بیٹا: "کیوں؟"

باپ: "یہ بھی وہی کام کرتا ہے جو میں کرتا ہوں۔"

# (11)

A person said to his friend, "I am saturated with my life and want to suicide now."

The friend replied, "Suicide is cowardness. It is forbidden. God doesn't like it. Why not apply a 2-in-1 formula? By which you will die and don't have to go for a suicide?

The first person in curiosity, "Tell me!"

He replies, "Why don't you marry?"

# (11)

ایک دوست دوسرے دوست سے کہتا ہے، "میں زندگی سے تنگ آ چکا ہوں۔ میں خود کشی کرنا چاہتا ہوں۔"

دوسرا دوست جواب میں کہتا ہے، "خود کشی بزدلی ہے۔ حرام ہے۔ خدا اس سے ناراض ہوتا ہے۔ تم ٹو ان ون فارمولہ اپنا لو۔ جس سے تم مر بھی جاؤ گے اور خود کشی بھی نہیں ہو گی۔"

دوست حیرت سے، "فوری بتاؤ مجھے.''

جواب: "شادی کر کے، میرے یار!"

# (12)

Once upon a time a husband who used to be an atheist, suddenly changed and became a very religious person. He started praying 24/7.

His wife asked him the reason for the sudden change. He replied, "You are the reason behind it."

The wife blushed and said, "Are you thanking god that you got a wife as good as me?"

The husband yelled, "I am praying to God to get rid of you from my life!"

# (12)

ایک مرتبہ ایک شوہر جو کبھی دہریا ہوا کرتا تھا، اِس کے اندر اچانک تبدیلی آگئی اُور وہ ایک مذہبی آدمی ہو گیا۔ اور دن

رات عبادت میں مشغول رہا۔

بیوی حیرت سے اچانک تبدیلی کا راز پوچھتی ہے۔

شوہر جواب میں، "اُس کی وجہ تم ہو۔"

بیوی خوشی سے، "کیا آپ شکر ادا کر رہے ہیں کہ آپ کو مجھ جیسی بیوی ملی ہے؟"

شوہر لمبی چینخ کے ساتھ، "میں تو عبادت اس لیے کر رہا ہوں کہ میں جلد سے جلد تم سے چھٹکارا لے لوں۔"

# (13)

Once a person asked his neighbor, "I have observed that whenever you come home on Saturday night, you are very happy and when you come home on Sunday night, you are depressed, why is that so?"

The person replied, "You have noticed right! I am happy every Saturday night because I drop my wife off at her parent's home. I am depressed every Sunday night because I bring her back to my home."

# (13)

ایک پڑوسی اپنے دوسرے پڑوسی سے پوچھتا ہے، "میں نے غور کیا ہے کہ آپ ہفتے کی رات بہت خوش گھر لوٹتے ہیں اور اتوار کی رات جب آپ گھر آتے ہیں تو اکثر روتے ہوئے آتے ہیں۔ ایسا کیوں؟"

پڑوسی جواب میں کہتا ہے کہ، "ہاں! بالکل صحیح غور کیا آپ نے۔ ہفتے کے دن میں اس لیے خوش ہوتا ہوں کہ میں اپنی بیوی کو میکے چھوڑ کر آتا ہوں۔ اور اتوار کے دن اس لیے روتا ہوں کہ میں اپنی بیوی کو میکے سے واپس گھر لے آتا ہوں۔"

# (14)

On a wedding day, the bride's father said to her father-in-law, "My daughter is too sensitive. Please never break her heart."

The father-in-law replied, "Don't worry! My son is a boxer. He will break her bones, not her heart."

# (14)

شادی کے دن ودائی کے وقت لڑکی کا باپ لڑکی کے سسر سے کہتا ہے۔ "میری بیٹی بہت حساس ہے۔ آپ اِس کا دل نہ توڑنا۔"

جواب میں لڑکی کا سسر کہتا ہے کہ آپ فکر نہ کریں۔ میرا بیٹا باکسر ہے۔ وہ آپ کی بیٹی کا دل نہیں ہڈیاں توڑے گا۔

# (15)

A boy compliments a girl, "Your eyes are very beautiful!"

The girl replies, "But my eyes can't even see you."

# (15)

ایک لڑکا لڑکی سے کہتا ہے۔ "تمھاری آنکھیں بہت حسین ہیں۔"

لڑکی کے جواب میں، "لیکن میری آنکھوں کو تم دکھائ نہیں دے رہے ہو۔"

# (16)

A patient said to his psychiatrist, "I am so frustrated all the time and swear so much that people have started calling me 'Hitler'."

The psychiatrist: "Don't worry! Since you have approached me, soon people will start calling you 'Gandhi'."

# (16)

ایک مریض ماہر نفسیات سے کہتا ہے کہ ڈاکٹر صاحب میں ہمیشہ غصّے میں رہتا ہوں۔ اور اکثر اپنی گفتگو میں تشدد کے الفاظ استعمال کرتا ہوں۔ اور اب لوگ مجھے ہٹلر کہنے لگے ہیں۔

ڈاکٹر مریض سے کہتا ہے، "اب آپ میرے پاس علاج کے لیے آ چکے ہیں۔ اب لوگ آپ کو گاندھی کہنے لگیں گے۔"

# (17)

A person once taught the language of humans to a tiger. One day he asked the tiger, "You have learned my language. Tell me your favorite sentences."

The tiger: "I can eat you up."

The man asked, "Tell me your favorite thing."

The tiger, "Your flesh!"

# (17)

ایک شخص نے شیر کو انسانوں کی زبان سکھائی۔

اورایک دن اُس نے شیر سے پوچھا کہ تم میری زبان سیکھ چکے ہو۔ تم اپنے پسندیدہ جملے مجھے کہو۔

شیر نے کہا کہ "کیا میں آپ کو کھا سکتا ہوں"۔

اِس نے پھر پوچھا کہ تم اپنی پسند کی کوئی چیز بتاؤ۔

شیر نے کہا، "آپ کا گوشت۔"

# (18)

Once a girl said to her lover, "It is really hard to find people like you."

Her lover asked, "How and why is it difficult?"

The girl: "You are the only fool among the thousands of people."

# (18)

ایک مرتبہ ایک معشوقہ اپنے عاشق سے کہتی ہے کہ کتنا مشکل ہے کہ تم جیسے لوگوں کا دریافت ہونا۔

عاشق پوچھتا ہے کہ کیسے اور کیوں؟

معشوقہ جواب دیتی ہے، "تم لاکھوں میں ایک ہی بے وقوف ہو۔"

# (19)

A company gave mobile phones to its five employees and asked them to set their voicemails.

The Indian employee sets his voicemail, "Thank you for calling me! Please leave your name and number, I will call you back."

The American set his voicemail, "If you are important and beneficial to me, I will call you back."

The Canadians set his voicemail, "Thank you for calling and I will call you back if the weather is good".

The British employee sets his voicemail, "Tell me the name, number, and the reason."

The Afghani employee sets his voicemail, "You called me! If this is a wrong number, I will kill the hell out of you!" *With the sounds of blasts, BANG! BANG! BANG*

# (19)

ایک کمپنی نے اپنے چار ملازموں کو نئے موبائل فون دیے۔اور تا کید کی کہ اپنااپناوائس میل سیٹ کر لے۔

پہلا ہندوستانی وائس میل سیٹ کرتا ہے۔

"شکریہ کال کرنے کے لیے۔اپنانام نمبر چھوڑیے۔بہت جلدآپ کو کال بیک کروں گا۔"

دوسرا امریکی شہری وائس میل سیٹ کرتا ہے۔

"اگرآپ میرے لیے ضروری اور فائدہ مند ہیں تو ضرور کال بیک کروں گا۔"

تیسرا برطانوی شہری وائس میل سیٹ کرتا ہے۔

"نام، نمبر اور وجہ بتائیے۔"

چوتھا افغانی اپناوائس میل سیٹ کرتا ہے۔

"تم کال کیا، میں تم کو نہیں جانتا۔اگر یہ غلط نمبر نکالاتو ہم تمھاری جان لے لے گا۔

*دھماکوں کی آواز کے ساتھ۔دھن دھن دھن۔*

# (20)

A boy was asking his father to take him to the zoo. He said that a new couple of monkeys has been brought from Africa which resembles humans a lot.

Both the son and the father were about to set off but the doorbell rang and the father's brother-in-law came in.

The brother-in-law asked the boy and his father where they were going.

The boy replied that they were going to the zoo.

The father added that they were going to the zoo but now the plan was canceled.

The mother asked, "Why have you canceled the plan?"

The father, "Whom we were intended to see has come to meet us himself."

# (20)

پیٹا باپ سے چڑیا گھر جانے کی ضد کر رہا تھا۔ یہ کہہ کر کے ایک نئے بندر کی جوڑی افریقہ سے آئی ہے۔ جو انسانوں سے بہت مشابہت رکھتی ہے۔ باپ بیٹے روانہ ہونے ہی والے تھے کہ اچانک دروازے پر دستک ہوئی۔

لڑکے کے ماموں جان تشریف لائے اور چڑیا گھر جانے کا فیصلہ کچھ دیر کے لیے ملتوی کر دیا گیا۔

ماموں جان بھانجے اور بہنوئی سے پوچھتے ہیں کہ آپ شاید کہیں روانہ ہو رہے تھے۔

یہ سن کر بھانجے نے کہا کہ ، "ہاں ! ہم چڑیا گھر جا رہے تھے۔"

لڑکے کے والد نے کہا کہ "ہم جا رہے تھے۔ مگر اب نہیں جائیں گے۔"

یہ سن کر لڑکے کی ماں نے پوچھا کہ کیوں نہیں جا رہے؟

مسکراتے ہوئے لڑکے کے والد نے کہا، "جن کو دیکھنے کے لیے جا رہے تھے وہ خود تشریف لا چکے ہیں۔"

# (21)

A group of dacoits kidnapped a police officer in a village. They took him to the gang leader and said, "This officer tried a lot to stop us. What should be his punishment?"

The gang leader: "The death sentence. But take care of him before he is put to death."

The officer was asked what he would like to eat. He replied, "I would love to have anything except rice and sugar since I am diabetic."

The gang leader ordered: "Serve him rice and sugar until he dies. This is his punishment. He would die very soon."

# (21)

ایک گاؤں میں ایک مشہور پولیس افسر کو ڈاکوؤں کے ٹولے نے اغوا کر لیا۔ اور ڈاکوؤں کے سردار کے پاس پیش کیا۔ اور یہ کہنے لگے کہ اِس نے ہمیں بہت پریشان کیا ہے۔ اِس کی سزا کیا ہونی چاہیے؟

سردار نے کہا، "سزائے موت۔"

"لیکن سزائے موت سے پہلے اِس کی خوب خاطر تواضع کی جائے۔"

اس سے پوچھا گیا کہ تم کیا کھانا پسند کرو گے۔

پولیس افسر نے جواب دیا کہ مجھے چاول اور میٹھا نہیں چاہیے۔ کیوں کہ میں شوگر کا مریض ہوں۔

یہ سنتے ہی سردار نے حکم جاری کیا کہ اس پولیس افسر کو تین وقت چاول اور میٹھے فراہم کیے جائیں۔

یہی اِس کی سزا ہو گی اور یہ جاری رہی تو یہ خود ہی مر جائے گا۔

# (22)

A person asked his friend, "Why do you have a nice attitude towards disloyal people?"

His friend replied, "Because most of the disloyal people are the leaders in our country."

# (22)

ایک دوست نے دوسرے دوست سے پوچھا کہ میں نے محسوس کیا ہے کہ تم اکثر بے ایمان لوگوں سے بڑے سنجیدہ رہتے ہو، ایسا کیوں؟

دوست جواب میں کہتا ہے، "اکثر بے ایمان ہی ہمارے دیش کے لیڈر ہوتے ہیں۔"

# (23)

A person asks for a cigarette lighter from another person standing at a bus stand.

The person said, "I neither smoke nor drink alcohol or tea."

The first person: "It's a good habit that you don't like any of these things."

The person replied, "It is not that I don't like these things. It is because they are not available free of cost."

# (23)

ایک بس اسٹاپ پر ایک شخص دوسرے شخص سے سگریٹ لائٹر مانگتا ہے۔

دوسرا شخص جواب میں کہتا ہے کہ میں سگریٹ، شراب اور چائے نہیں پیتا۔

پہلا شخص حیرت سے، "بہت اچھی بات ہے۔ آپ ان تینوں شوق سے دور ہیں۔"

دوسرا شخص، "ایسی بات نہیں ہے کہ مجھے ان تینوں چیزوں کا شوق نہیں ہے۔ بلکہ بات دراصل یہ ہے کہ یہ چیزیں فری نہیں ہیں۔

# (24)

A waiter asked a customer, "Sir, you used to order a lot of dishes in the past. Hasn't you're eating capacity decreased a lot?"

The customer replied, "Idiot! It is my earning capacity that has decreased, not my eating capacity."

# (24)

ایک ہوٹل میں ویٹر کسٹومر سے، "سر آپ پہلے کافی ڈیشس آڈر کرتے تھے۔ اب میں سمجھتا ہوں کہ آپ کے کھانے کی

خوراک کم ہو گئ۔"

کسٹومر جواب میں ویٹر سے کہتا ہے، "بے وقوف میری خوراک نہیں کم ہوئ بلکہ کمائی کم ہو گئ۔"

# (25)

Once a saint named Adil Baba was famous for the fact that anyone who asks him to pray, his needs are always fulfilled.

A journalist asked Adil baba, "Anyone who approaches you is benefitted and his needs are fulfilled. But one person complained that you refused to pray for the success of his business."

Adil Baba asked, "Do you know which business he wanted to succeed?"

Journalist: "No."

Adil Baba: "He was a coffin-maker."

# (25)

ایک شہر میں ایک صوفی بابا (فقیر) رہتے تھے جو عادل بابا کے نام سے جانے جاتے تھے۔ اِن کے بارے میں مشہور

بات یہ تھی کہ اِن کی دعائیں رَد نہیں ہوتی تھیں۔ اور ہر شخص اُنکی دعاؤں سے فیض یاب ہوتا تھا۔

ایک مرتبی ایک جرنلسٹ نے عادل بابا سے پوچھا کہ آپ کے آنے والے ہر کو آپ کی دعا سے فیض ہوتا ہے۔ لیکن ایک ایسا شخص ہے جو یہ شکایت کرتا ہے کہ آپ نے اِس کی تجارت کی ترقی کے لیے دعا نہیں کی۔

عادل بابا: "کیا تم جانتے ہو وہ کس چیز کی تجارت کی ترقی کے لیے دعا چاہتا تھا۔"

جرنلسٹ: "نہیں!"

عادل بابا: "وہ شخص تابوت بنانے والا تھا۔

# (26)

A man returned home after a weary day at the office and smelt the odors of delicious food. He went to his wife cheerfully and said, "Darling! You have made my favorite meal! You always regard my choice and likeness."

In the meanwhile, the bell rang and her parents entered the house.

The wife turned to the husband and asked, "Were you saying something about your favorite meal?"

The husband looked at her parents and said with a smile, "I have got my answer!"

# (26)

دفتر سے شوہر گھر لوٹتا ہے۔ اور اُسے لذیذ کھانوں کی خوشبوئیں آتی ہیں۔ شوہر بڑی خوشی سے اپنی بیوی سے کہتا ہے۔

"ڈارلنگ آج تم نے میری پسند کا کھانا بنایا۔ تم میرا کتنا خیال رکھتی ہو۔"

اسی لمحے دروازے پر دستک ہوتی ہے اور بیوی کے ماں باپ گھر تشریف لاتے ہیں۔

بیوی پھر شوہر سے پوچھتی ہے کہ آپ مجھ سے لذیذ کھانوں کے بارے میں سوال کر رہے تھے۔

شوہر مسکراتے ہوئے ساس سسر کی طرف دیکھتا ہے۔ اور بیوی سے کہتا ہے، "مجھے اپنا جواب مل گیا۔"

# (27)

A wife says to her husband, "I want to die."

The husband silently listens to her and replies nothing.

The wife: "Wouldn't you ask why that is so?"

The husband: "I already know the reason."

The wife: "What is the reason?"

The husband: "God has listened to my prayers!"

# (27)

بیوی شوہر سے،"میں مرنا چاہتی ہوں۔"

یہ سن کر شوہر خاموش ہو جاتا ہے۔

بیوی شوہر سے،"آپ جاننا نہیں چاہیں گے کہ ایسا کیوں ہے؟"

شوہر،"میں وجہ جانتا ہوں۔"

بیوی:"کیا وجہ ہے؟"

شوہر:"میری دعا قبول ہو گئ۔"

# (28)

Once a house was haunted and its owner had a strong belief in evil spirits.

He called upon witchcraft and asked him to kick out all sorts of evil spirits from the house.

The witchcraft sat down and started yelling something.

Within a few minutes, the witchcraft stood up and said that all the evil spirits had left the house.

The surprised owner asked, "What did you read?"

The witchcraft: "Very simple! I just yelled Hitler! Hitler! Hitler!"

# (28)

ایک بھوت گھر تھا۔اور اس گھر کا مالک شیطانی روحیں پر کچھ خاص یقین رکھتا تھا۔

ایک مرتبہ اس نے ایک جادو گر کو اپنے گھر بلایا اور گھر سے پوری طرح روحیں نکالنے کے لیے کہا۔

جادو گر زمین پر بیٹھا اور ایک نام چیخنا شروع کر دیا۔

اور کچھ ہی دیر میں کھڑا ہو جاتا ہے اور کہتا ہے۔اب اِس گھر میں کوئی شیطانی روحیں نہیں ہیں۔سب بھاگ چکے ہیں۔

حیرت زدہ مالک جادو گر سے پوچھتا ہے کہ آپ کیا پڑھ رہے تھے ؟

وہ کہتا ہے،"بہت آسان ہے، میں ہٹلر، ہٹلر، ہٹلر کہہ رہا تھا۔"

# (29)

A person had a habit to use short forms for literally everything. For example, he used to call James Bond JB.

One day his neighbor asked him, "What are you doing nowadays?"

The person: "Ph.D."

His neighbor: "Wow! From which university?"

The person: "Pizza Hut Delivery"

# (29)

ایک شخص کو شارٹ فارم کرنے کی عادت ہوتی ہے۔

جیسے جیمزبانڈ کو جے بی کہتا ہے۔

ایک دن اس کا پڑوسی کہتا ہے کہ آج کل کیا کر رہے ہو؟

جواب: "پی ایچ ڈی"

پڑوسی: "اچھا؟ کونسی یونیورسٹی سے کر رہے ہو؟"

جواب میں یہ شخص کہتا ہے، "پزا ہٹ ڈیلیوری"

# (30)

A man was crying on the news of the death of his wife. His friends were consoling him.

One said, "Come on, dear! Stop crying! You have to arrange everything for her funeral now."

The man replied, "That is why I am crying. My wife hadn't bought an insurance policy in her life."

# (30)

ایک شخص اپنی بیوی کی موت کی خبر سن کر رو رہا تھا۔ اور اُس کے ساتھی اُسے تسلی کر رہے تھے کہ مت رو۔

ایک ساتھی کہتا ہے کہ رونا بند کرو۔ اب تمھیں فوراً آخری رسومات پوری کرنی ہو گئی۔

جواب میں وہ شخص کہتا ہے، "اِسی لیے تو میں رو رہا ہوں۔ کیوں کہ میری بیوی نے اپنے زندگی میں انشورنس پالیسی نہیں لی تھی۔"